STURM DER GEZEITEN

TEXTE VON

NICK LIVING

Bilder & Layout: Nick Living

Impressum

Herstellung und Verlag:
BoD - Books on Demand GmbH, Norderstedt
ISBN 978-3-7347-7262-7
Für den Inhalt des Buches zeichnet der Autor verantwortlich
© 2015

Sturm der Gezeiten

Am Ufersaum nur sanfte Wellen
Das Meer kommt leis und laut daher
Am Horizont, dem dunklen, hellen
Spür ich des Ozeanes Wellen
Und in mir drin wird's leicht und schwer

So einsam ist's an diesem Orte
Die Weite scheint unsagbar weit
Ich denke nur, ganz ohne Worte
An diesem magisch, starren Orte
Und es zerrinnt mir Hoffnung, Zeit

Nur Möwen schreien mit dem Winde
Der sich in Sanddünen verliert
Ich hofft, dass ich die Welt verstünde
Doch sind da nur die kalten Winde
Und jener Strand, der schläft und friert

Ganz plötzlich dunkelt es behände
Und stürmisch wird's am Strande hier
Ich reib mir flugs die leeren Hände
Dass es bald wärmer wird behände
Und ich nicht einsam, alt erfrier

Das Wasser weicht dem Mond entgegen
Zieht sich zurück, weil Ebbe ist
Ich wollt ins Watt mich reglos legen
Doch schlägt der Sturm mir da entgegen
Und sagt, dass man mich längst vermisst

Da wird mir klar, ich sollt wohl gehen
Dorthin, wo ich was ändern mag
Das Meer sagt's laut, ich kann's verstehen
Ich sollt nach Hause schnellstens gehen
Bevor sie kommen, Flut und Tag

Jedoch liegt vor mir nur die Leere
Das Meer ist fort, ich weine leis
In meinem Herz die bittre Schwere
Und überall die lähmend Leere
Ganz langsam wird das Watt zu Eis

Laut schlägt erneut der Sturm zum Strande
Bringt bald das Meer, ich ahn es schon
Ganz nah an der Gezeiten Rande
Fragt keiner wohl nach Glück und Schande
Bleibt nur manch Schuld als letzter Hohn

So schlag ich hoch den warmen Kragen
Weiß plötzlich, dass ich leben will
Auf einmal gibt es keine Fragen
Ich schlag ihn hoch, den feinen Kragen
Und hinter mir rauschts laut und still

Letzter Sommer

Es war der letzte Sommer
So weit entfernt, am Fluss
In abendlicher Kühle
Da gab es Eis am Stiele
Es war der letzte Sommer
Es war der letzte Kuss

Es war der letzte Sommer
Der Abschied war sehr lang
So einsam wards am Flusse
Sing leise: „Gott zum Gruße"
Es war der letzte Sommer
Der letzte Sommerklang

Es war der letzte Sommer
Ich denk so gern zurück
Wie schön war es gewesen
Am Fluss, im Kiesel lesen
Es war der beste Sommer
Ein kleines Stückchen Glück

Letzter Sommer

Es war der letzte Sommer
Am Fluss sang sie so gern
Ein Fisch kam da geschwommen
Und eh der Tag verronnen
Da zählte sie die Stern

Es war der letzte Sommer
Ihr Lächeln barg den Tod
Ich hab sie gern gesprochen
Es gingen Tage, Wochen
So manches Abendrot

Es war der letzte Sommer
Sie winkte mir kurz zu
Ich hör sie heut noch singen
Ihr Lied wird nie verklingen
In abendlicher Ruh

Es war ihr letzter Sommer
Und einsam ist´s am Fluss
Sie ist so sanft gestorben
So ohne alle Sorgen
Für sie ein Abschiedsgruß

Schwarze Vögel

Schwarze Vögel in der Nacht
Die sieht man nicht,
doch sie sind da
Als ich sie sah
Hab ich nicht nachgedacht
Und über sie gelacht
Die schwarzen Vögel in der Nacht
Sie sind doch stets so nah
Als ich sie sah
Hast Du nur gelacht
Die schwarzen Vögel in der Nacht
Die sind so nah und immer da
Als ich sie sah,
da gingst Du fort
In jene Nacht
Die schwarzen Vögel in der Nacht
Haben mir
Die Einsamkeit gebracht
Als ich sie sah
Da warst Du nicht mehr da
Ich hab zu viel gelacht, wohl in jener Nacht
Die schwarzen Vögel in der Nacht
Die sieht man nicht
Doch sie sind da
Als ich sie sah,
Da blieb ich ganz allein zurück

Und doch war da ein Funken Glück
Vielleicht ein Stück
Von dieser Nacht
Die schwarzen Vögel in der Nacht
Die sind noch da
Ich hab gelacht
In jene samtig schwarze Nacht
Die schwarzen Vögel in der Nacht
Die sieht man nicht
Doch sie sind da
Sind uns ganz nah
Die schwarzen Vögel in der Nacht
Die haben mir den Traum gebracht
In jener Nacht
Da sieht man jene Vögel nicht
Sind jenseitig von hellem Licht
Die schwarzen Vögel in der Nacht
Als ich sie sah
Da hab ich über mich gelacht

Ein Stein

Da kam ein Stein geflogen
Traf mitten ins Gesicht
Er ist zu hart geflogen
Ich sah ihn einfach nicht
So mitten ins Gesicht
Er hat mich nicht belogen

Ich hab geweint vor Schmerzen
Ganz tief im Herze drin
Das warn so starke Schmerzen
Und ganz ohne Sinn
Warf ich da alles hin
Ein Sturm blies aus die Kerzen

Doch tief in meiner Seele
Dort hört ich eine Stimm
Mit Kraft in meiner Seele
Ganz tief im Herze drin
Jetzt wieder voller Sinn
Da spürt ich meine Seele

Ein Stückchen reif geworden
Es brachte mich nicht um!
Auch bin ich nicht erfroren
Ein Stein ist hart und dumm
Mich bringt kein Steinchen um!
Bin reifer nur geworden!

Eine Mutter

Die Arbeit war so hart, so schwer
Und die Familie wollte Zeit
Sie jagte hin, sie jagte her
Das Leben war entsetzlich schwer
Ihr schmerzte arg der Kopf, der Leib

Fürs Kind ein schönes Handy, neu!
Der Mann verlangte auch sein Recht!
Die Lebenszeit ging schnell vorbei
Und manches Handy blieb nicht neu
Am Abend fühlte sie sich schlecht

Sie funktionierte irgendwie
Und träumte sich in manchen Traum
Da war die ferne Melodie
Die war so schön, ja, irgendwie
Und draußen rauschte leis ein Baum

Doch dann am nächsten Morgen, ach
Da ging die Hatz von vorne los!
Sie schuftete für Kind und Dach!
Und wollte mit dem Mann kein´ Krach!
Und fragte nie: Was mach ich bloß?

Dann, eines Tages gegen Zehn
Ging es ihr schlecht, wie nie vorher
Da war ein Klopfen in ihr drin
Es war am Morgen gegen Zehn
Wo kam nur diese Schwäche her?

Sie schwankte hin, sie schwankte her
Es ward ihr übel, sie sank hin
Ein Schmerz im Kopf, es brannte sehr
Sie fiel so leicht und gar nicht schwer
War *DAS* vielleicht ihr Lebenssinn?

All die Gedanken flogen fort
Sie dachte an den Mann, das Kind
Mit Blaulicht und besorgtem Wort
Da brachte man sie endlich fort
Dorthin, wo alle Kranken sind

In einem weißen Zimmer dann
Erwachte sie und träumte nicht
Sie dachte an das Kind den Mann
In jenem weißen Zimmer dann
In jenem weißen kalten Licht

Ja, da begriff sie Stück für Stück
Dass ihre Hatz nichts bringen konnt
Sie lebte zwar, doch ohne Glück
Und das begriff sie Stück für Stück
Nie hatte sie sich je geschont

Da liefen Tränen ohne Zahl
Und aller Stress entlud sich arg
Vorbei die schlimme Seelenqual
Es flossen Tränen ohne Zahl
Man ist nicht immer groß und stark!

Und der Professor setzte sich
Leis an ihr Bett, nahm ihre Hand
Dann sprach er nur: „Ganz sicherlich.
Geht's nicht so weiter, hoffentlich.
Denn Ihre Seele ist verbrannt"

Sie wusste das und schwieg – und schwieg
Die Ängste waren noch zu groß
Das Kind, der Mann, die waren lieb
Und sie lag hier und schwieg, und schwieg
Und dachte nur: „Was mach ich bloß?"

Zwölf Wochen fort, im Krankenhaus
Die Kräfte kehrten bald zurück
Dann, irgendwann ging es nach Haus
Im Blickwinkel das Krankenhaus
Und der Professor wünschte Glück

Sie kündigte den alten Job
Und fand ihr Leben wieder neu
Sie fand den Weg, und sie fand Gott
Fort mit dem Stress, dem alten Job!
Mit Kind und Mann im frischen Heu!

So manche Arbeit wiegt so schwer
Blind rennt manch Mensch durch seine Zeit
Doch alle Hatz nach noch viel mehr
Die bringt das Glück nicht hin, nicht her
Und Leere ist's, die übrig bleibt …

Wechselspiel

Regen - Sonne - Wechselspiel
Alles kommt und geht schon bald
Manchmal schweig ich, sag nicht viel
Alles ist im Wechselspiel
Manchmal ist mir heiß und kalt

Winter - Sommer - Jahreslauf
Ist es da, geht es schon fort
Hoffnung stirbt und lebt neu auf
Endlos scheint manch Zeitenlauf
Und beständig bleibt kein Ort

Richtig oder falsch?

Was ist richtig, was ist falsch?
Eine Frage, die nicht geht!
All die dummen Fragen, sind sie falsch?
All die blöden Antworten, sind die richtig?
Sind sie falsch, wie alles Übel?
Und was ist schon übel?
Sind so manch geschützte Täter
wirklich schützenswert?
Ist es falsch oder doch richtig?
Ist es richtig, alle Knöllchen abzuwehren,
vielleicht, weil man den Kampf nicht scheut?
Ist es richtig, die Aussage vor Gericht
zurückzuziehen,
nur, weil man Angst vor dem Täter hat?
Ist es falsch? Ist es richtig?
Sollte man doch lügen? Ist das nicht legitim?
Ist es richtig,
die falsche Partei zu unterstützen,
weil man sich dort sicher fühlt?
Sollte man nicht doch unpolitisch sein-
und bleiben?
Ist das richtig? Oder falsch?
Ist es falsch, gefundenes Geld
für sich zu behalten, nur,
weil man vorgibt,
man kenne den Eigentümer nicht?

Ist das falsch? Ist das richtig?
Ist es falsch, die Menschen
manchmal nicht zu mögen?
Sollte man vielleicht doch lieber hassen,
weil man da
vermeintlich besser klar kommt?
Was ist Hass? Und was ist Liebe?
Ist das alles bedingungslos?
Welches Denken ist schon richtig?
Welches falsch?
Tagtäglich stehen wir vor solchen Fragen.
Nur, wer kann sagen:
was ist richtig und was ist falsch?
Muss man das allein herausfinden?
Oder nicht?
Stellt unser Leben nicht stets die Frage:
richtig oder falsch?
Ist das richtig oder falsch?
Geht's wirklich nur darum?
Ist Dummheit richtig, ist sie falsch?
Und dann die Klugheit, die Schlauheit,
die Genialität?
Ist das immer richtig?
Kann das überhaupt falsch sein?
Da stirbt jemand im Drogenrausch
Und ein anderer an Alkoholsucht.
Warum nahmen diese Menschen
diese Drogen, diesen Alkohol im Übermaß?

Ist´s richtig oder total verkehrt?
Wollte sich so manch einer
aus dem Leben retten?
Wollte er fliehen aus
einer schwierigen Situation?
Fliehen aus dem Leben?
Vielleicht waren diese Menschen krank und
konnten sich nicht wehren,
gegen Krebs vielleicht?
Und gegen alle Drogensucht und wollten
ausbrechen aus jenem Teufelskreis!
Ist das alles falsch oder doch richtig?
Und wie ist das mit dem Leben
und dem Sein, dem Universum auch?
Gibt's ein Ende oder keins?
Ist die Erde wirklich rund?
Ist da noch mehr?
Ist das richtig oder falsch?
Ich steh vorm Spiegel und ich schweig.
Und ich weiß die Antwort nicht!

Sehnsucht

Ach mein lieber Hollywoodstern
Kannst Du noch warten
Bis ich komm
Ich bin ja noch ein Kind
Mein Hollywoodstern
Kannst Du noch warten
Auf ein großes Kind
Vielleicht
Kannst Du noch warten
Ich komme bald, bestimmt
Sogar im Traum
Bin ich so oft bei Dir
Ach mein lieber Hollywoodstern
Bald bin ich hier
In jenem Traum
Der noch so weit
Vielleicht zu weit
Doch wieder nicht
Ich bin ja noch ein Kind
Ein großes Kind geblieben
Ich hab so oft von Dir geschrieben
Mein Hollywoodstern, Du, ach
Ich wär wohl nimmer wach
Bin ewig in jenem Träume drin
Kannst Du noch warten?
Mein Hollywoodstern

Ach mein lieber Hollywoodstern
Ich lieb Dich doch so sehr
Und übers große weite Meer
Komm ich zu Dir
Kannst Du noch warten
Auf mich, auf solch ein Kind wie mich
Auf einen Clown
Der gerne träumt
Und Sterne liebt
Kannst Du wirklich auf mich warten
Ich weiß es ganz genau
Ja, Du wirst warten
Auf mich

Die Bar

Wie frivol wird's mir bei Nachte
Irgendetwas zieht mich an
Wenn die Nebel ziehen sachte
Drängts mich in die heiße Nachte
In die Bar zum wilden Mann

Da gibt's manches wohl zu sehen
Zu erleben Wunsch und Traum
Dort, wo sich die Masken drehen
Bei den namenlosen Feen
Will ich schlecken Schampus-Schaum

Will mich laben an den Künsten
Aller Stars und Sternchen dort
Wenn die Zigaretten dünsten
Dann ertrink ich in den Künsten
In dem magisch-glitzernd´ Ort

Irgendwann spür ich den Wandel
Bin nicht mehr, der ich mal war
Ist´s vielleicht die bittere Mandel
Die mich trügt bei jenem Wandel
Die mich macht zum großen Star?

Meine Stimme scheint zu fliegen
Fliegen will auch meine Seel
In der Bar der tausend Lieben
Bleibt kein Mensch mehr leblos liegen
Und manch Song netzt meine Kehl

Bis die Nacht weicht einem Morgen
Bin so schwer-fast wie ein Stein
Alles geht, scheint bald verborgen
Und die Bar liegt kühl im Morgen
Ich bin ICH (!) und schwanke heim

Die Königin

So unnahbar, so kühl, so still
Brilliert sie vor dem Goldpalast
Die Königin weiß, was sie will
Und doch ist sie so seltsam still
Man hisst die Flagge hoch am Mast

Man krönt ihr Haupt und jenes Land
Sie lächelt leicht – ihr Blick scheint starr
Sie ist auf dieser Welt bekannt
Sie kommt aus einem Königsland
Von dort, wo´s niemals anders war

Sie schreitet die Parade ab
Das Militär steht kampfbereit
Und weil sie viel zu sagen hat,
fährt sie recht schnell zur Fuchsjagd ab
Ihr Tag verschlingt wohl sehr viel Zeit

Auf ihrem Schiff fährt westwärts sie
Die Flotte ist ihr Stolz, ihr Ruhm
Ein lauer Wind weht irgendwie
Voll Würde trägt die Krone sie
Es gibt im Ausland viel zu tun

Wenn sie dem Volk sich zeigen will
ist die Kalesche gut und klug
So unnahbar, so seltsam kühl
Wenn sie Kalesche fahren will,
ist Königin sie nie genug

Fast unnahbar, so kühl, so still
So krönt sie doch ein edles Land
Ja, sie ist Königin mit Stil
Und scheint manchmal so seltsam still
Und ich verneig mich – unerkannt

50

Irgendwann vorm Spiegel neulich
war´s mir gar nicht mehr erfreulich
Denn das Kinn hing schief darnieder
Und recht schlaff die Augenlider
Meine Laune - ziemlich gräulich

Stellte mich ein bisschen schräge,
seitlich links und etwas träge,
an den Spiegel mit der Wange,
die schon bleich und ziemlich bange
Und bestaunt´ die Zahnbeläge

Doch der Schreck zog mir ins Herze
Und es gab so manchen Schmerze
Denn im Spiegel, diesem blöden,
sah ich mich, und musste beten
vor der dicken Altarkerze

Und so zog ich mit den Fingern
all die Falten, die da schlingern,
ganz nach hinten in den Nacken
Straffte meine Hinterbacken
Wollt das Alter so verhindern

Rieb arg Röte in die Wangen,
die bekanntlich stark gehangen
Lächelte ein ganz klein wenig
Und brillierte wie ein König
Strich mir sanft über die Flanken

Doch oh Graus und welche Schande
Viel zu fett schien mir die Flanke
Und der Speck rollte beharrlich
Auf die Hüften, gar nicht artig
Alles Glück verlief im Sande

Irgendwo, ziemlich weit unten,
in dem Slip, dem hässlich bunten,
hing was Kleines, Unbekanntes …
Ungebraucht und fern des Landes
An dem Leib, dem ungesunden …

Da am Po, da hat´s gewackelt
Und am Kinn hat´s auch geschnackelt
Und die Schenkel - viel zu knuffig
Doch was soll´s, wenn man schon Fuffzich
Selbst die Stirn erscheint verwackelt

Überhaupt, die lichten Haare
sind ergraut über die Jahre
Und die Nase ward zum Zinken
Selbst die Oberarme winken
Und die Füße? Gott bewahre!

Nein, da ist man nicht zufrieden
Solch ein Typ kann man nicht lieben
Ich sollt endlich mal trainieren
Muss die Pfunde jetzt verlieren
Und nicht üble Laune schieben

Und so kam das Fitnessstudio
Alles für ein neues Foto
Für den Spiegel, selbstverständlich
Alles Süße, das so schändlich,
kriegt der Hund mit Namen Bodo

Schaffte mich an Reck und Hantel
Passte bald in jeden Mantel
Aß nur Grünes, trank nur Wasser
Wurde zum Pralinenhasser
Die Figur war stark im Wandel

Doch nach zwanzig langen Wochen
kam ich nur noch angekrochen
Stellt mich vor den Spiegel wieder
Vor die Vase mit dem Flieder
Hätt' jedoch mich fast erbrochen

Denn statt Fett, dass mich umringte,
und dem Oberarm, der winkte
Statt der Nase, der nicht schicken
und den Flanken, den zu dicken
Stand da jemand, der arg hinkte

Der zu dürr war und zu hager
Dessen Beine viel zu mager
Dessen Blick zu starr und trübe
Dessen Wangen fad und öde
Dessen Kinn wohl auch kein Schlager

Da begriff ich voll Entsetzen
Nach dem Glück darf man nicht hetzen
Sollt den Tag wieder genießen
Und ihn nicht am Reck vermiesen
Mich mal auf 'ne Wiese setzen

Und so aß ich wieder Kuchen
Wollt manch Bonbon auch versuchen
Lachte wieder bei manch Witzen
Kam nicht mehr so sehr ins Schwitzen
Konnte wieder Glück verbuchen

Und vorm Spiegel schließlich neulich
War's mir endlich mal erfreulich
Zwar hings Kinn noch arg darnieder
Und recht schlaff die Augenlider
Doch die Laune war nicht gräulich!

Endlich auch Erotikträume
Die bislang nur düsteren Schäume
Irgendwo war wieder Leben
In manch Slip schien es zu beben
Nicht mehr jenseits aller Freude

Ließ es endlich wieder krachen!
Wollt mit Fuffzich noch was machen!
Scheiß auf Schlankheit, zarte Flanken!
Scheiß auch auf manch Wackelwangen!
Endlich kann ich wieder lachen …

Berührung

Das Mädchen an der breiten lauten Straße
Irgendwo in dieser viel zu großen Stadt
Sie stand nur da,
putzte sich die hübsche Nase
Irgendwo an dieser endlos langen Straße
Wo San Francisco keinen Namen hat

Ich fuhr vorbei und winkte kurz
Sie sah zu mir und winkte leis zurück
Sie stand nur da unter diesem
schmalen Fenstersturz
Und lächelte verwegen,
und winkte mir nur kurz
Und war vorbei, sehr schnell,
ein ganzes Stück

Wer sie nur war? Ich werd es nie erfahren!
Sie schien mir wie ein Traum
So nah und doch so fremd
Und war doch noch
so ungeheuer jung an Jahren
Und blieb zurück
Ich werd nie mehr von ihr erfahren
Ich stöhne leis und zupf am Kragen
von meinem weißen Hemd

Ein Mädchen an der lauten breiten Straße
Irgendwo in dieser viel zu fremden Stadt
Ja, sie hatte wirklich eine süße kleine Nase
Dies hübsche Mädchen
an der langen kühlen Straße
Dort, wo San Francisco
keinen Namen hat ...

Reue?

Die Jahre sind so schnell vergangen
Zu tränenschwer schau ich zurück
So vieles hab ich nie verstanden
Hab jahrelang nur rumgehangen
All jene Zeit scheint grau verhangen
Die bringt mir keiner je zurück

Ich hab geträumt zu viel, zu lange
Und nichts getan in all der Zeit
Ach, heute wird's mir Angst und Bange
Zu lange in der Warteschlange
Mein Leben in der Würge-Zange
Das alles liegt so weit, so weit

Bevor ich endlich losgezogen
Hab ich so vieles falsch gemacht
Zu lang hab ich mich selbst betrogen
Hab meine Liebsten angelogen
Bin viel zu spät einst losgeflogen
Hab an die Zukunft nie gedacht

Hab krumme Wege oft beschritten
Gedacht, es wäre richtig so
Am Ende hab ich nur gelitten
Da half kein Beten und kein Bitten
Verdorrt beinah die Hoffnungsblüten
Und mancher Traum zerfiel zu Stroh

Jetzt schau ich zurück, nach Jahren
Im Nebel die Vergangenheit
So vieles hab ich nie verstanden
Blieb viel zu lange unbefangen
Mein Herz hing starr, im Eis gefangen
In trostlos, fahler Düsterheit

So viele Zeiten sind verstrichen
Doch ist die Hoffnung ganz tief drin
Das alte Alte ist verblichen
Ich konnt die Träume neu vermischen
Denn all die Zeiten, die gewichen,
bleiben stets das, was ich noch bin

Winter

Weiß ist alles – Feld und Wald
Überall scheint Frieden
Manchem Tier ist's bitterkalt
Mancher Mensch fühlt sich recht alt
Nichts ist mehr geblieben

Alle Welt ward zugedeckt
von der weißen Ruhe
Manches Reh hat sich versteckt
Bäume, Büsche – zugedeckt
Warm die Winterschuhe

Nebel wabern durch das Tal
Märchenhafter Zauber
Durch den Schneesturm allemal
werden Schritte fast zur Qual,
wird der Blick zum Schauder

Alles Leben scheint so weit
Starr klirren die Lüfte
Winter bringt ein End der Zeit
Und ich atme ganz befreit
all die Winterdüfte

Die Herde

Und die Herde, die zieht weiter
Starker Sturm verweht die Spur
Dieser Winter ist nicht heiter
Und die Herde zieht schon weiter
Schreie halln durch Wald und Flur

Manches Kälbchen friert, ist müde
Bleibt vielleicht schon bald zurück
Es ist kalt und es ist trübe
Doch die Herde wird nicht müde
Kämpft voran sich Stück um Stück

Wölfe harren da am Rande
Haben Hunger immerfort
Doch der Herde wird's nicht bange
Sieht die Wölfe da am Rande
Und zieht immer weiter fort

Doch der Sturm wird immer stärker
Schon bleibt manches Kalb zurück
Auch die Wölfe machen Ärger
Und der Schneesturm wird noch stärker
Bis zum See ist's noch ein Stück

Nein, die Wölfe wolln nicht jagen
Nehmen schwache Kälbchen sich
Es ist hart in diesen Tagen
Sehr viel Kraft fehlt da zum Jagen
Winterzeit ist fürchterlich

Doch die Herde zieht schon weiter
Nichts hält sie an einem Ort
Ausgemergelt ihre Leiber
Und die Tiere ziehen weiter
Und sind längst schon wieder fort

Durch den Sturm und durch die Lande
Führt ihr Weg von See zu See
Mancher Wolf wacht da am Rande
Tod, Verderben auch im Sande
Und manch Spur verwischt im Schnee …

Die Abhängige

Ich treff sie dort, wo alles leer
In jener Bronx, am Rand der Zeit
Das Lachen fällt ihr schwer, so schwer
Und machen Traum, den gibt's nicht mehr
So manche Hoffnung scheint so weit

Die Spritze in der rechten Hand,
den Stoff fest in der linken Faust
Ansonsten total abgebrannt
So lehnt sie weinend an der Wand
Ein Dealer um die Ecke saust

Ich frage sie, wie's sonst noch steht
Ist sie alleine oder nicht?
Sie sagt, ihr Leben sei verdreht
Für Kind und Mann sei's längst zu spät
Nur manchmal Sex – jenseits vom Licht

Für zwanzig Dollar irgendwo
Dann reicht's auch für den nächsten Schuss
Sie meint, ihr Leben sei halt so!
Für wenig Geld ins Nirgendwo!
So sollt es sein wohl bis zum Schluss

Der Regen wäscht die Stufen ab,
auf welche sie ganz plötzlich sinkt
Ich will ihr helfen – sie winkt ab!
Am End nur ein Ruinengrab!
Hier, wo es nur nach Abfall stinkt!

Sie schließt die Augen sanft und lieb,
wie manches Kind, das schlafen will
Was für ein Schicksal sie wohl trieb
an jenen Ort, wo's ewig trüb
Sie liegt nur da und schläft ganz still

Wohl kann ich nichts mehr für sie tun
Längst ist sie fort – in ihrem Traum
So barfuß in zu engen Schuhn
sollt auf manch Stufen man nicht ruhn
Den reichen Segen gibt's hier kaum

Es ist schon Nacht, so gegen 3,
da fahr ich ins Hotel zurück
In jener Welt, wo alles frei,
hört niemand mehr den stummen Schrei,
den Drogentod, fernab vom Glück

Da spricht ein Pfarrer im TV
Und viele Leute nicken brav
Man stellt die Armen dann zur Schau
Und spricht ansonsten klug und schlau
Und legt sich dann zum süßen Schlaf

Ich sah sie dort, wo alles schwer
In jener Bronx, am Rand der Zeit
Die junge Frau gibt es nicht mehr
Sie starb ganz einsam, wortlos, leer
Und meine Hoffnung ist so weit …

Fremdes Land

Fremdes Land der trüben Zeiten
zeigt nur Armut, Trotz, Betrug
Keiner will Courage zeigen
Niemand will mehr ehrlich bleiben
Hab von diesem Land genug!

Gauner leben da wie Grafen
Angst und Missgunst überall
Ist man ehrlich, gibt's nur Strafen
Tritte gibt's für manchen Braven
Dort in diesem Schweinestall!

Speichellecker, Rotlichtbienen,
Schieber, Stricher, Dummheit satt!
Alkoholsucht, Fix-Vergnügen
Liebe in den letzten Zügen
In dem Land, in mancher Stadt!

Schnellstens sollt ich von dort fliehen,
denn ich bin mir Mensch genug!
Will weit in die Ferne ziehen!
Fort von diesen schmutzig' Fliegen!
Fort von diesem Selbstbetrug!

Und wenn einst die Götter kommen
in dies Land, das schwarz und öd,
werd ich längst woanders thronen,
dort, wo sich noch Träume lohnen!
Wo der Mensch nicht schlecht und blöd!

Heimkehr

Er lag allein am Meere
Die Nacht war klar und mild
In seinem Blick nur Leere
In seiner Seel die Schwere
Sein Herz vom Tod erfüllt

Es war vor vierzig Jahren,
da starb sie hier am Strand
Dort, wo sie glücklich waren,
in jener Nacht, der klaren,
der Friede schnell entschwand

Warum war sie gegangen?
Warum nur hier am Meer?
Er hat es nie verstanden!
Dort, wo sie sich einst fanden,
fand er sie nimmermehr

Ein Regen fiel hernieder
in jener lauen Nacht
Ganz leis sang er die Lieder,
von jenem Zauber wieder,
die ihm einst „Sie" gebracht

Hoch schäumten auf die Wogen,
umhüllten wild die Zwei!
Dort, wo die Wasser stoben,
sind sie nun heimgezogen
Sind sie nun endlich frei!

Es war am weiten Meere,
in jener Nacht, die schwül
Am Horizont, die Leere
So seltsam, leichte Schwere
Vielleicht ein Glücksgefühl?

Daheim

Der kleine Baum am schmalen Fluss
Ich ging als Kind so gern dorthin
Sang dort so oft so manchen Gruß
Fand dort auch meinen Lebenssinn

Doch irgendwann, da war ich groß
Erwachsen wohl und wollte fort
Mich zog es fort von Mutters Schoß
An einen wirklich fremden Ort

Die Stadt war riesig, und auch schön
Dort pulste Leben, Geld und Traum
Dort konnt die große Welt ich sehn
Mir fehlte kaum der Fluss, der Baum

Ich schaffte die Karriere gut
Und wurde überall bekannt
Ich spürte des Erfolges Blut,
weil ich dort alles super fand

Doch eines Tags, am Airport war's,
da kam ein seltsames Gefühl
Mein Herz ward mir wie sprödes Glas
Und Tränen rannen viel, sehr viel

Ich sah mich um zur großen Stadt,
stieg schnell in jenen Flieger ein
Ich hatt das tolle Leben satt!
Ich wollt zu Hause wieder sein!

Der Abschied fiel nicht wirklich schwer
von jener Stadt im fernen Land
Der Flieger flog mich hin und her,
bis mein >Daheim< ich wieder fand

Zum Baum lief ich, der stand am Fluss
Und spürte im Gesicht den Wind
Und sang wie früher meinen Gruß
Ich war daheim, war wieder Kind

Der Hauch des Waldes

Heimfahrt

Lisa war auf dem Weg von einer kleinen Geburtstagsparty, die ihre Freundin gegeben hatte, zu sich nach Hause. Es regnete und der Wind frischte ein wenig auf, doch das allerschlimmste war, dass sie durch ein dichtes Waldstück fahren musste. Es dämmerte bereits, als sie bei „Drivers Run" in den düsteren Wald einbog. Die Straße glänzte im Scheinwerferlicht, denn sie war nass und spiegelte das Licht ganz merkwürdig zurück. Weil Lisa ein wenig sonderbar wurde, legte sie sich eine CD ins Autoradio und lauschte dem leisen Blues. Plötzlich jedoch mischte sich ein anderes Geräusch, welches sich wie das Stöhnen eines alten Mannes anhörte, in die Musik. Zunächst glaubte Lisa, es sei ein Instrument, welches ja bei Blues nicht unmöglich sein mochte. Doch als es immer wieder ertönte, schaltete sie das Radio aus. Und wirklich, es war vielleicht ein sonderbarer Windhauch oder doch nur der Regen. Jedenfalls breitete sich ein monotones Stöhnen über dem Wald und der Straße aus.

Lisa bekam eine Gänsehaut, was konnte das nur sein? Nervös schaute sie in den Rückspiegel, doch da war nichts. Die Straße lag schwarz glänzend hinter ihr wie das Trauerband auf einem Kranz. Irgendwie war es der jungen Mittdreißigerin gar nicht mehr so gleichgültig wie eben noch. Doch sollte sie ausgerechnet hier anhalten? Sollte sie in einer völlig unbekannten Gegend, die nicht einmal den allerbesten Ruf bei den Leuten hatte, einfach so den Wagen stoppen? Sie tat es, wollte der Sache auf den Grund gehen. Und so fuhr sie in einer kleinen Schneise von der Straße ab und hielt an. Jetzt hörte sie es ganz genau, dieses gruselige Geräusch, als wenn jemand vor Schmerzen stöhnte. Haaa ... es wollte einfach nicht mehr enden. Lisa spürte ein leichtes Zittern, und als sie in den dunklen Wald hineinschaute, glaubte sie, rote Lichtblitze zwischen den Bäumen zu erkennen. Jetzt bekam sie Angst, sprang schnurstracks in ihren Wagen und startete den Motor. Mit quietschenden Reifen raste sie los und glaubte sich schon in Sicherheit. Aber da beugten sich urplötzlich die Wipfel der Bäume zur Straße herab und versperrten ihr den Weg. Sie bremste scharf und verriss das Steuer. Der Wagen gehorchte ihr nicht mehr und kam von der Fahrbahn ab. Zwischen Sträuchern und Büschen kam er schließlich zum Stehen und bewegte sich nicht. Lisa starrte auf die dicht stehenden Bäume um sich herum und fürchtete sich sehr. Das Stöhnen war nun so deutlich, dass sie glaubte, jemand wäre neben ihr. Und warum hatten sich die Wipfel eigentlich so plötzlich auf die Straße gebeugt? Panisch verriegelte sie die Wagentüren und rutschte ängstlich unters Armaturenbrett. Immer wieder hörte sie es, dieses „Haaa", welches so unheimlich war, wie diese gesamte unbegreifliche Situation. Wollte sie nicht längst daheim sein? Mit zitternden Händen kramte sie ihr Mobiltelefon aus ihrer Handtasche und wollte ihre Freundin anrufen. Doch als sie aufs Display schaute, bemerkte sie, dass sie gar kein Funknetz hatte. Natürlich war ihr klar, dass es hier in diesem Wald nur selten ein Funknetz gab, aber was sollte sie nur tun? Plötzlich beugten sich die Wipfel der umstehenden Bäume noch weiter herab und der Wagen mit der darin befindlichen jungen Frau löste sich einfach in Luft auf. Als er verschwunden war, ertönte noch einmal dieses mysteriöse, unheilvolle Stöhnen: Haaa. Dann wurde es still und die Bäume standen so, wie sie immer standen. Nur ein leichter Wind verfing sich in den Ästen und der Regen tropfte auf die einsame Waldstraße, als wenn er die Spuren der letzten untrüglichen Minuten verwischen wollte.

Die Brandung wurde stärker!
Auf allen Wellen Schaum!
Die Stimmung schon verklärter
Dies Leben schien nie härter
Zerborsten aller Traum?

Und plötzlich überm Tosen,
da schwebte sie vor ihm
In einem Meer von Rosen,
und weichen grünen Moosen,
glitt sie ganz sanft dahin

Sie öffnete die Arme
und weinte leis und still
Es schien der Mond, der warme
Fern zog ein Vogelschwarme
ans unbekannte Ziel

Ach, wie im schönsten Märchen
lief er zu ihr ins Meer
Was war's nur für ein Pärchen
mit silbrig-weißen Härchen
Sie liebten sich so sehr

Der Hauch des Waldes

Klassenfahrt

Als der letzte Schüler der Gymnasialklasse in den Zug eingestiegen war, schloss der Schaffner die Tür und blies inbrünstig in die Pfeife, um dem Zug das Abfahrtsignal zu geben. Langsam setzte sich die Lok mit ihren zwei Waggons in Bewegung, und die Schüler saßen müde an den Fenstern und waren schon zu kaputt, um sich noch endlos lange zu unterhalten. Einige schliefen bereits, als der Zug in ein dichtes Waldstück bog. Er fuhr sehr langsam und der Zugbegleiter trottete gelangweilt durch den Wagen, um die Fahrkarten zu kontrollieren.
Es musste auf der Höhe von „Drivers Run" gewesen sein, als der Zug plötzlich hielt. „Merkwürdig", zischte der Zugbegleiter, „Hier haben wir sonst nie angehalten!" Ungläubig schauten die Schüler aus den Fenstern, doch sie konnten nichts Genaues erkennen. Da sprang der Lokführer von seiner Diesellokomotive und rief: „Ein Baum liegt auf dem Gleis! Wenn ihr mal helfen könntet!" Die Schüler, die auf einmal gar nicht mehr so müde waren, fanden das alles sehr

aufregend und spannend und sprangen aus dem Waggon, um zusammen mit dem Lokführer und dem Zugbegleiter den schweren Stamm beiseite zu rollen. Es gelang und schon waren alle wieder im Zug, um endlich weiterzufahren. Doch nichts passierte, dafür aber erklang ein unheilvolles Geräusch. Es hörte sich an wie ein lautes Stöhnen, dass sich wie ein unsichtbarer Wurm durch den umliegenden Wald und über die Baumwipfel schob, bis es schließlich wie ein böser Geist durch den gesamten Zug kroch.

Das Licht in den Waggons begann zu flackern und der Zugbegleiter konnte sich auch nicht erklären, was da vor sich ging. Draußen war es stockdunkel geworden und nur das immer lauter werdende Stöhnen konnte man noch hören. Die Schüler, die eben noch glaubten, alles wäre in Ordnung, gerieten in große Angst. Plötzlich bogen sich die Wipfel der am Bahndamm stehenden Bäume zum Zug herab und hüllten ihn vollständig ein. Es dauerte keine fünf Sekunden, da hatte sich der gesamte Zug in Luft aufgelöst und es wurde wieder still. Nur der Wind verfing sich im Geäst der Bäume als sei gar nichts geschehen. Diesmal allerdings schien etwas anders, denn niemand hatte bemerkt, dass

Jimmy, ein Schüler aus dem eben noch vorhandenen Zug, fehlte. Er hatte sich im Wald umgeschaut, wollte wissen, woher das seltsame Stöhnen gekommen war und fand sich in der Dunkelheit nicht mehr zurecht. Als er am Bahndamm stand, verstand er die Welt nicht mehr. Sein Zug war weg, aber wie war das nur möglich? Eben noch war er doch noch da und so schnell fuhr die Bahn ja nun auch nicht. Nachdenklich und fröstelnd setzte er sich auf das Gleis und starrte in die Dunkelheit. Was sollte er nur tun, vielleicht nach Hause laufen? Aber er wusste ja gar nicht, wie weit das noch war. So fand er, dass er sich im Wald umsehen könnte, um im dichten Buschwerk die Nacht abzuwarten. Es hatte ohnehin keinen Zweck, in der Dunkelheit umherzuirren. Glücklicherweise hatte er seinen Rucksack auf dem Rücken. Darin befanden sich noch ein paar belegte Brote und eine Flasche Mineralwasser. Damit würde er schon irgendwie auskommen und so lief er los. Es war schon beschwerlich, sich den Weg durchs Gestrüpp zu bahnen, aber dann glaubte er, einen schwachen Lichtschein zu sehen. Doch nein, es waren rote Lichtblitze, die ganz schwach durchs Geäst flackerten. „Da muss jemand sein!", dachte er sich und lief geradewegs darauf zu. Als er einen dichten Busch auseinanderdrückte, sah er es, dieses winzige alte Holzhaus, aus dessen kleinen Fensterchen rotes flackerndes Licht wie der Schein einer Laterne herausfiel. Erleichtert lief der Junge bis vor die Tür und hielt dann doch inne. Irgendwie schien ihm das Ganze nicht geheuer zu sein, und so lief er erst mal ganz vorsichtig um das Häuschen herum. An einem der kleinen Fenster blieb er stehen und schaute neugierig ins Innere. In dem kleinen Raum befand sich nicht viel; nur ein paar alte Möbel, eine Truhe und ein alter Lehnsessel, in dem tatsächlich jemand saß. Es war ein alter Mann, der wohl ein wenig schlief, denn er hatte seine Augen geschlossen. Doch gerade als Jimmy an das Fenster pochen wollte, um sich bemerkbar zu machen, öffnete der Alte seine Augen. Jimmy erschrak fürchterlich, denn es waren keine menschlichen Augen, die da in seine Richtung schauten! Es waren zwei stechende rote Lichter, die in Jimmys Richtung starrten und dabei flackerten wie ein Warnlicht! Der aufgeregte Junge versteckte sich schnell unterhalb des Fensters und glaubte schon, der Alte hätte ihn längst bemerkt. Doch dem schien nicht so zu sein, denn es kam niemand. Dafür drang wieder dieses sonderbare Stöhnen an Jimmys Ohren. Er fürchtete sich wirklich sehr, und er wusste auch nicht so genau, was er tun sollte. Allerdings musste er schnellstens sehen, dass er unbemerkt von hier verschwand. Da knarrte die hölzerne Tür und der Alte erschien. Hatte er Jimmy doch bemerkt, dann wäre wohl alles verloren! Der Alte aber schritt geradewegs auf einen dicken Baum zu und sprach: „Öffne dich und gib mir das, was du heut gefangen hast!" Augenblicklich öffnete sich die Erde und gab den Blick auf etwas frei, dass Jimmy nicht glauben konnte. Es war ein Kanalsystem, welches offenbar alle Bäume des Waldes miteinander zu verbinden schien. Lange rote und blaue Fasern verbanden die Wurzeln der Bäume und es war, als wenn durch all diese Fasern und Leitungen irgendeine Flüssigkeit strömte. Wie konnte so etwas nur sein? Sollte am Ende gar der gesamte Wald unterirdisch mit diesen Fasern und Leitungen verbunden sein? War am Ende der gesamte Wald nur ein künstlich angelegtes Areal? Jimmy spürte, wie sein Herz bis zum Halse pochte. Er zitterte vor Angst und glaubte sich schon in der tiefsten Hölle. Doch da verschwand der Alte in der Erde, die sich hinter ihm langsam wieder zusammenschob. Erleichtert atmete Jimmy auf, doch wie sollte er unerkannt von diesem unheiligen Ort verschwinden? Neben der Holzhütte entdeckte er ein Motorrad. Das musste dem Alten gehören, und weil er bereits Motorrad fahren konnte, schlich er sich dorthin und schwang sich darauf. Er wusste, wie man eine solche Maschine kurz schloss und das tat er auch. Augenblicklich heulte der Motor auf und sogleich öffnete sich auch die Erde und der Alte stürmte wutschnaubend heraus. Zischend und schreiend rannte er auf Jimmy zu, doch der war schneller. Er gab der Maschine die Sporen und raste auf den kleinen Waldweg vor der Hütte. Der Alte schien allerdings auch ziemlich schnell zu sein und jagte wie ein Wirbelwind dem Motorrad hinterher. Jimmy schaffte es, den Alten abzuschütteln und auch das merkwürdige Stöhnen hielt ihn nicht mehr auf. Dafür senkten sich die Wipfel der Bäume auf den Waldweg herab und Jimmy glaubte sich bereits verloren. Aber er schaffte es, aus dem Wald zu entkommen, noch bevor die Baumkronen den Waldweg versperrten. Schließlich gelangte er auf eine Asphaltstraße, die irgendwann an einem Motel vorüberführte. Dort hielt er an und schaute sich ängstlich um. Von dem Alten und dem sonderbaren Wald war nichts mehr zu sehen und zu hören.

In der kleinen Gastwirtschaft allerdings wunderte man sich über den aufgeregten Jungen und gab ihm erst einmal ein Nachtlager und eine Kleinigkeit zu essen. Jimmy war hundemüde und legte sich alsbald ins Bett, wo er sofort einschlief.

Irgendwann rüttelte ihn jemand ziemlich heftig an der Schulter, und als er seine Augen öffnete, starrte er ungläubig in das liebevolle Gesicht einer recht vertrauten Person. Es war seine Mutter, die neben seinem Bett stand und ziemlich besorgt zu sein schien. Jimmy stotterte nur herum: „Was ist passiert? Warum bist du hier, in diesem Motel?"
Die Mutter schien die merkwürdige Frage nicht zu verstehen. „Welches Motel? Du bist daheim in deinem gemütlichen, warmen Bettchen. Wie geht es dir, mein Schatz?"
Jimmy verstand gar nichts mehr und Stück für Stück kehrten seine vermeintlichen Erinnerungen zurück. Diese Klassenfahrt, der bedrohlich düstere Wald, das Stöhnen, dieser sonderbare Alte ... es war doch alles so unglaublich real. Doch seine Mutter beruhigte

ihn und meinte, dass die Klassenfahrt erst bevorstand. Sicher hatte ihr aufgeweckter Sohn alles nur geträumt.

Einige Zeit später ging es ihm schon erheblich besser und er saß am Frühstückstisch und schaute neugierig aus dem offenen Küchenfenster. Die Sonne stand schon hoch am Himmel und es versprach ein schöner Sommertag zu werden. Gleich würde er in die Schule gehen, da tönte eine sonderbare Meldung aus dem Radio: „Seit drei Tagen wird eine junge Frau mit Namen Lisa M. vermisst. Sie war mit ihrem Wagen in einem entfernten Waldstück unterwegs, bevor sich ihre Spur verlor. Außerdem brach der Kontakt zu einer Schulklasse abrupt ab, die ebenfalls in diesem Wald unterwegs gewesen war ..."

Wie versteinert saß Jimmy am Tisch und starrte erschrocken aus dem Fenster.

Plötzlich war alles wieder ganz nah und doch glaubte er, dass er alles nur geträumt hatte. Wie konnte so etwas nur möglich sein? Eine Antwort gab es nicht. Nur kam plötzlich aus dem nahen Wäldchen am Haus solch ein merkwürdiges Geräusch, und es hörte sich an, als wenn die Bäume stöhnten und sich ihre Wipfel über dem Haus merkwürdig knisternd zu beugen begannen ...

INHALT

5	Sturm der Gezeiten
8	Letzter Sommer
9	Letzter Sommer
10	Schwarze Vögel
12	Ein Stein
14	Eine Mutter
18	Wechselspiel
19	Richtig oder falsch?
22	Sehnsucht
24	Die Bar
26	Die Königin
28	50
33	Berührung
35	Reue
37	Winter
38	Die Herde
40	Die Abhängige
43	Fremdes Land
45	Heimkehr
48	Daheim
50	Der Hauch des Waldes 1 & 2
63	Abgesang

Mondlicht überm Walde
Kühl die Luft, die Nacht
Mancher Traum kommt balde
Manch ein Engel wacht

Altes geht zu Ende
Neues kommt schon bald
Stille im Gelände
Ruhe überm Wald

Viele Sternlein glitzern
Sehnsuchtsvoll und schön
Büsche, Sträucher knistern
Ängste bald vergehn

Manches Wölkchen schiebt sich
Vor den Mond ganz sacht
Hoffnung zieht gar lieblich
Durch die dunkle Nacht

ABGESANG